DES DROITS POLITIQUES

DES

MILITAIRES

PAR

Le C^{el} DENFERT-ROCHEREAU

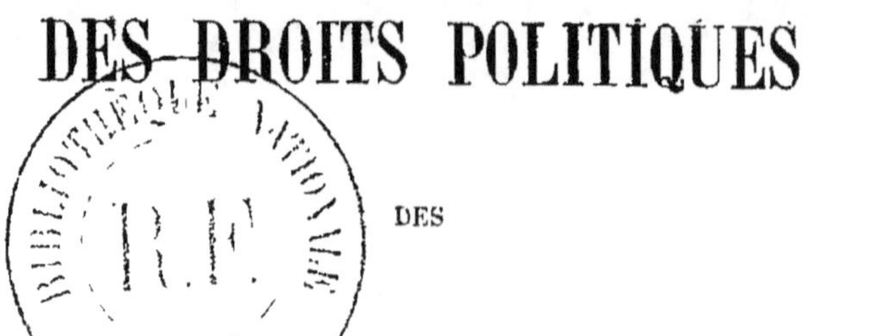

EX GOUVERNEUR DE BELFORT
REPRÉSENTANT DE LA CHARENTE-INFÉRIEURE

PARIS

LIBRAIRIE GERMER BAILLIERE

17, RUE DE L'ÉCOLE-DE-MÉDECINE

1873

Extrait de la Revue politique et littéraire

Numéro 24. — 13 décembre 1873

DES DROITS POLITIQUES

DES

MILITAIRES

Un honorable représentant des Ardennes, M. Philippoteaux, vient de présenter un projet de loi tendant à exclure de la représentation nationale les militaires en activité de service. Cette exclusion, présentée comme indispensable dans l'intérêt de la discipline militaire, répond à un courant d'idées très-répandu dans l'armée et au dehors. La proposition doit donc être examinée avec attention et en allant au fond des choses.

Dans la pensée de ceux qui soutiennent cette opinion, l'armée doit rester étrangère à la politique. Nous sommes de cet avis, si l'on entend par là que l'armée, en tant que corps organisé, doit rester étrangère aux luttes des partis politiques et obéir toujours à l'autorité légale de la nation. Mais le moyen d'obtenir ce résultat est-il, comme beaucoup le croient, de rendre les membres de l'armée étrangers individuellement aux luttes politiques et de les confiner dans un rôle à part, en en formant une véritable caste au sein de la nation? Telle

est évidemment la tendance de la proposition de M. Philippoteaux. C'est une tendance que je ne saurais accepter et que
je considère comme pleine de périls aussi bien pour la paix
intérieure que pour la sécurité extérieure de la France.

Tous les citoyens, sans exception, sont appelés depuis plus
de vingt-cinq ans à l'exercice de l'électorat politique. Tous,
d'après les lois que nous avons récemment votées, sont aussi
astreints au service militaire. S'il en est un certain nombre
qui demeurent sous les drapeaux seulement un an ou même
six mois, il n'en reste pas moins constant que tous les hommes valides peuvent, en temps de guerre, être appelés à com-
battre, depuis l'âge de vingt et un ans jusqu'à l'âge de qua-
rante ans.

Si l'électorat politique et le service militaire constituent
pour tous les citoyens un double droit et une double obli-
gation, auxquels aucun d'eux ne puisse se soustraire, il serait
évidemment très-désirable que nous reçussions tous une
instruction générale, nous enseignant à la fois nos droits
et nos devoirs de citoyens et de militaires et les moyens de
les remplir. Cette double instruction politique et militaire
peut seule nous rendre capables de servir notre pays, comme
le comporte le régime de souveraineté nationale inauguré
en 1789 et dont tous nos efforts tendent à assurer dans notre
pays le développement régulier.

La masse des citoyens est sans doute fort loin de cet idéal;
mais il est bien évident que plus grand sera le nombre de
ceux qui auront reçu cette double instruction, meilleure
sera la situation générale du pays. Il est aussi manifeste que
loin d'entraver ceux, quels qu'ils soient, qui cherchent à l'acquérir, il faut lever les obstacles qui les arrêtent et ne pas
craindre de voir se livrer à des études sérieuses, soit politiques, soit militaires, toutes les personnes que les services

rendus ou la notoriété désignent aux suffrages de leurs con-
citoyens et peuvent appeler à régler les destinées de la
France.

Rien ne nous paraît plus faux que la pensée de laisser la
plus grande partie des citoyens étrangère aux questions militaires, et les militaires d'autre part étrangers aux questions
politiques.

L'expérience a été assez dure pour que la majorité recon-
naisse aujourd'hui la nécessité d'obtenir dans les temps de
crise un concours utile du plus grand nombre possible de
citoyens. Comment peut-on y arriver, si la masse de la nation est absolument étrangère à toute instruction militaire?
Il y a là une cause inévitable de faiblesse, dont nous n'avons
que trop souffert en 1793, 1814, 1815 et 1870.

Mais ce qui n'est pas moins utile, quoiqu'on ne s'en rende
pas aussi bien compte, c'est l'éducation civique ou politique
des militaires. Ceux qui en contestent l'utilité et qui veulent
enlever à cette catégorie de citoyens leurs droits d'électeurs
et d'éligibles se mettent tout d'abord en contradiction avec
notre propre législation. Nos lois confèrent en effet, en temps
de guerre ou de troubles intérieurs, aux officiers pourvus de
commandements la plénitude des pouvoirs civils et militaires. Des officiers de tout grade et même des sous-officiers
sont alors appelés à juger comme membres des conseils de
guerre des délits commis par des citoyens étrangers à l'armée. Pour pouvoir bien remplir ces diverses attributions, il
importe que les militaires puissent en temps ordinaire parti-
ciper à la vie publique, y puiser la connaissance non-seulement théorique, mais pratique, des lois, qu'ils sachent enfin
apprécier la portée des diverses manifestations d'une population habituée à un régime politique libéral. Sans ces connais-
sances ils courront risque de commettre des erreurs graves,

préjudiciables, suivant les cas, ou à la défense du territoire ou au rétablissement de la paix publique.

Mais ce n'est là qu'un des moindres côtés de la question, et ce que je tiens à mettre en pleine lumière dans cette étude, c'est la différence des mœurs que tendent à inculquer l'éducation civique et l'éducation militaire, et la nécessité, au point de vue de la paix intérieure et de la défense extérieure de la France, que la dernière ne soit pas exclusive. Il est bien entendu du reste que quand je parle d'éducation, je n'entends pas seulement des études faites dans les livres, mais aussi la mise en pratique de ces études dans les diverses circonstances de la vie, de façon qu'on puisse exercer sur elles le contrôle de l'expérience. A cette condition seulement l'individu peut être transformé par l'instruction qu'il a reçue et acquérir une véritable éducation politique ou militaire.

La généralité des citoyens ne peut faire une application sérieuse et suivie des sciences politiques que dans la vie publique, — en coopérant comme électeurs à la nomination des conseillers municipaux et généraux et des députés, aux discussions et explications qui précèdent ces élections, — et en participant comme élus aux travaux des assemblées municipales, départementales ou nationales. On n'apprend nulle part à mieux connaître les hommes, à mieux apprécier les ressorts secrets qui les font agir que dans ces réunions où des citoyens appartenant aux carrières les plus diverses viennent à titre égal discuter les intérêts de la commune, du département ou de l'État. Ces discussions souvent laborieuses enseignent à tous la patience et le respect de la loi, les deux vertus les plus indispensables aux citoyens d'un peuple libre.

Entièrement différentes sont les mœurs que tend à inculquer une éducation exclusivement militaire. L'étude de la guerre qui en est la base et les instructions et exercices pratiques qu'elle exige ont constamment en vue les combinaisons violentes par lesquelles des masses d'hommes peuvent être conduites au succès. Tous les hommes chez lesquels cette éducation est très-prépondérante sont plus ou moins possédés de l'esprit de domination et enclins à user de la force, dont ils ont étudié et connaissent plus ou moins l'emploi, pour bâillonner leurs adversaires et les tenir sous leur autorité.

Il ne faut pas se bercer d'illusions au sujet des militaires et croire qu'en leur enlevant leurs droits électoraux, en opposant des obstacles à leur participation à la vie publique, on les empêchera de se préoccuper des questions politiques qui intéressent le pays. On ne peut pas faire qu'ils s'abstiennent d'aller dans les cercles et cafés et d'y lire des journaux ; on ne peut également songer à leur interdire des achats de livres politiques chez les libraires, et à soumettre leurs demeures à l'inquisition de l'autorité. Quoi qu'il arrive de la proposition de M. Philippoteaux, les militaires s'intéresseront, comme tous les autres citoyens, aux questions politiques, et aux époques d'agitation ou d'inquiétude publique, ils seront, suivant leur tempérament, plus ou moins ardents à en désirer la solution dans le sens conforme à leurs convictions.

Cette situation étant donnée et inévitable, convient-il, pour que l'armée, en tant que corps organisé, reste étrangère aux luttes politiques et parlementaires, que les militaires dans leur ensemble soient privés de l'électorat et de l'éligibilité et rendus incapables de constater, à l'égal des autres citoyens, par la participation à la vie publique, la valeur de leurs idées politiques et les difficultés ou les possibilités de leur mise en pratique ? Il semble impossible de résoudre autrement que par la négation une question ainsi posée ; mais rien ne vaut en pareille matière les enseignements de l'histoire.

Notre histoire nous montre depuis 1789 aux premiers rangs de la scène politique des officiers mêlés à la vie publique, ayant siégé à diverses reprises dans les assemblées délibérantes, et des officiers ayant pour ainsi dire toujours vécu au milieu de l'armée, demeurés sous l'influence d'une éducation exclusivement militaire. Quels ont été durant cette période de quatre-vingts ans les actes publics des uns et des autres?

La première immixtion illégale et violente de l'armée dans notre politique intérieure remonte au 18 fructidor an V. Le coup d'État de cette époque fut précédé de manifestations d'officiers généraux complétement étrangers aux luttes parlementaires, qui vinrent offrir au Directoire exécutif leur concours militaire contre le parti politique possédant la majorité dans le conseil des Cinq-Cents. Je me bornerai à citer Kléber, Lefebvre et Hoche. A la même époque, le général Bonaparte, commandant en chef de l'armée d'Italie victorieuse, encore plus dominé que les précédents par son éducation militaire, se livra à des manifestations personnelles beaucoup plus graves. Le 14 juillet 1797 (26 messidor an V), il inaugura à Milan l'anniversaire de la prise de la Bastille par une proclamation menaçante contre la majorité des conseils (Thiers, *Histoire de la Révolution*, tome IX, pages 220 à 222). Cette proclamation contenait entre autres la phrase suivante : « Des monta-
» gnes nous séparent de la France ; vous les franchiriez avec
» la rapidité de l'aigle, s'il le fallait, pour maintenir la con-
» stitution, défendre la liberté et protéger les républicains. »
Au banquet qui suivit, les généraux et les officiers supérieurs portèrent des toasts politiques, et entre autres deux *à la réémigration des émigrés* et *à la destruction du club de Clichy* (réunion des Réservoirs de cette époque). On sonna le pas de charge à ce dernier toast. Des fêtes analogues eurent lieu dans

les diverses villes d'Italie occupées par les divisions de l'armée. Puis chaque division remit au général en chef des adresses politiques couvertes de milliers de signatures des militaires de divers grades. Bonaparte les transmit au Directoire en les annexant à sa proclamation, pour que le tout fût imprimé et publié dans les journaux.

Quelques semaines après, Augereau, envoyé d'Italie à Paris par Bonaparte, exécuta, de concert avec la majorité du Directoire exécutif, contre la majorité de la représentation nationale, le coup d'État du 18 fructidor an V.

Au moment où se consommait cette violation flagrante des lois, avec le concours d'officiers que nous devons considérer comme ayant failli en cette occasion à leurs devoirs de citoyens, siégeaient au sein de la représentation nationale et dans le Directoire exécutif d'autres militaires habitués aux luttes de la vie publique et au jeu des institutions parlementaires. Les plus illustres étaient Pichegru, Jourdan et Carnot. Le premier, président du conseil des Cinq-Cents, poursuivait à l'intérieur du parlement une politique d'intrigues ayant pour but d'apporter à nos institutions, par une action successive de la majorité réactionnaire, des modifications équivalant à une contre-révolution. Quelque blâmable que fût cette conduite, elle est séparée par un abîme de celle de Bonaparte et des autres généraux qui faisaient ou cherchaient à faire intervenir les troupes sous leur commandement dans les luttes du parlement. Carnot et Jourdan, respectueux tout à la fois de la souveraineté nationale, de la constitution et des droits du parlement, cherchaient à rallier la majorité sur un terrain à la fois conservateur et constitutionnel, et suivaient une conduite entièrement légale en combattant à la fois les menées de Pichegru et les projets de coup d'État de la majorité du Directoire exécutif.

1.

Le coup d'État du 18 brumaire an VIII suivit le précédent à un peu plus de deux ans d'intervalle, et fut précédé des actes les plus déplorables tant au point de vue du respect de la loi que de la discipline militaire. Bonaparte arrive d'Égypte à Paris le 24 vendémiaire, ayant abandonné avec quelques-uns de ses plus fidèles compagnons d'armes l'armée dont il avait le commandement. Était-il ou non autorisé à le faire par le gouvernement? Je laisse de côté cette question sur laquelle ont été émises des opinions divergentes. A peine arrivé, il affiche ouvertement la prétention d'occuper dans le gouvernement une place que la constitution lui interdit. Les officiers de plusieurs régiments et la plupart des officiers généraux présents à Paris s'empressent autour de lui, se déclarant prêts à servir ses projets à la tête des troupes sous leurs ordres. Le général victorieux des armées d'Italie et d'Égypte est pour eux supérieur à la loi et à l'autorité du ministre de la guerre. Bonaparte, général en disponibilité sans lettres de commandement, donne le 18 brumaire des ordres à l'armée pour renverser le gouvernement, disperser le conseil des Cinq-Cents et établir sa propre dictature ; et ses ordres sont obéis par des militaires qui semblent n'avoir aucune notion de leurs devoirs civiques et qui sacrifient la discipline à leurs passions politiques.

Un très-petit nombre d'officiers généraux tentèrent de s'opposer aux projets de Bonaparte ; parmi eux se trouvaient tous ceux qui faisaient partie des assemblées législatives, et entre autres le général Jourdan, déjà membre du conseil des Cinq-Cents depuis l'an V.

Du 18 brumaire an VIII (8 novembre 1799) jusqu'en 1814, la nation s'abandonna aveuglément à Napoléon, suivant à cet égard l'entraînement de l'armée. Il n'y eut pendant toute cette période, sauf très-légèrement à l'origine, aucune vie publique. La volonté de l'empereur devint bientôt et demeura la seule loi. A partir de 1810, l'élite intellectuelle de la nation, pressentant plus ou moins vaguement les abîmes auxquels la politique dominatrice et l'ambition démesurée de Napoléon conduisaient la France, se détacha de plus en plus de lui et fut suivie d'une grande partie de la bourgeoisie ; mais ce mouvement ne se communiqua point alors à la masse de la population et à l'armée. Le paysan, l'ouvrier et le soldat persistèrent à ne garder d'autre souvenir de Napoléon que ses victoires, et lui restèrent fidèles pendant de longues années.

En prenant le pouvoir en 1814, les Bourbons avaient substitué au despotisme de l'empire un régime constitutionnel qui répondait aux aspirations des classes éclairées. Les maréchaux et les généraux les plus illustres s'y étaient également ralliés en très-grande majorité, moins par libéralisme que par amour de la paix et des honneurs tranquilles après vingt-cinq ans de guerres continuelles. Cependant la seule apparition de Napoléon suffit, en 1815, pour renverser le gouvernement royal. En vain les maréchaux et les généraux tentèrent de maintenir l'armée dans l'obéissance. Leur autorité fut méconnue, et, sans souci de la discipline, les officiers et les soldats, obligeant leurs chefs à les suivre, allèrent se ranger spontanément sous les ordres de l'empereur, qui était pour eux la loi vivante, le représentant du régime issu de la Révolution.

A son retour, après la seconde invasion, la Restauration licencia l'armée impériale et reconstitua une nouvelle armée sur des bases différentes, en ayant soin d'épurer les cadres, de manière à réduire l'influence bonapartiste ; mais elle n'y parvint pas complétement, et, dans les premières années, elle eut à comprimer des révoltes militaires partielles qui furent comme les dernières ondulations du grand soulèvement de 1815. Peu à peu pourtant une transformation graduelle s'o-

péra dans les esprits sous l'influence du régime constitution·
nel. Le droit de suffrage était alors restreint; mais les militaires le possédaient et l'exerçaient au même titre et dans les
mêmes conditions que les autres citoyens. L'éligibilité était
un privilége encore plus restreint; mais les conditions qui la
réglaient ne faisaient aucune distinction entre les militaires
et les autres citoyens. Sous ces deux rapports, les militaires
étaient régis par le droit commun. Aussi l'armée ressentit-
elle, comme la nation, les effets salutaires du régime constitutionnel. Dans l'esprit de ses chefs comme dans le sentiment
public, les luttes parlementaires amenèrent la substitution
progressive des idées de résistance légale aux idées de résistance armée ou violente. Beaucoup de militaires siégeaient
alors dans la chambre des pairs et dans la chambre des députés, et cette époque n'a point vu de commandant militaire, député ou non, songeant à intervenir de son chef, avec les
troupes sous ses ordres, dans la politique intérieure du
pays.

A l'avénement de Louis-Philippe, la situation ne se trouva
modifiée, au point de vue du suffrage, que par une augmenta-
tion notable du nombre des électeurs et des éligibles ; mais
les militaires continuèrent sous ces deux rapports à être soumis au droit commun. Le régime constitutionnel devint en
outre plus libéral. Des officiers distingués occupèrent sous ce
règne un grand nombre de siéges, tant à la chambre des
pairs qu'à la chambre des députés. Personne n'ignore que le
maréchal Bugeaud était depuis plusieurs années député lors-
qu'il fut appelé au gouvernement général de l'Algérie. Sa participation aux travaux parlementaires avait plutôt développé
qu'affaibli ses qualités militaires; car c'est dans ce dernier
commandement qu'il s'illustra par la conquête de l'Algérie et
par l'organisation politique et administrative qu'il sut créer

pour conserver cette conquête. Les seules tentatives de révolte militaire faites sous Louis-Philippe, celles du prince Louis-Napoléon Bonaparte en 1836 et 1840, restèrent, malgré la grande popularité du nom de Napoléon, presque sans écho dans l'armée.

En 1848, le suffrage universel devint la loi fondamentale de l'État. Sous ce nouveau régime comme sous les précédents, les militaires restèrent soumis au droit commun en matière d'électorat et d'éligibilité. Beaucoup d'officiers, et principalement ceux qui avaient été signalés à l'opinion publique par les services rendus à l'armée d'Algérie, furent appelés à siéger dans l'Assemblée constituante, puis dans l'Assemblée législative. Celui qui est demeuré le plus illustre de tous, le général Cavaignac, donna le premier exemple depuis 1789 d'un chef d'État descendant du pouvoir par obéissance à la loi au milieu du calme le plus complet.

La pensée de faire intervenir les troupes sous leur commandement dans les différends des partis politiques en les faisant peser sur les décisions de l'Assemblée législative, était devenue absolument étrangère aux militaires de ce temps. L'armée semblait avoir alors tout à fait abdiqué les mœurs prétoriennes dont nous avons signalé la prépondérance de 1797 à 1815.

Malheureusement ce n'était qu'une apparence, et nos institutions militaires ne se prêtaient que trop aisément à une résurrection du césarisme. A peine investi de la magistrature suprême de la république, Louis-Napoléon travaille à corrompre l'armée pour l'amener à servir ses projets de coup d'État. On sait tous les moyens de séduction dont dispose le pouvoir exécutif que nos lois rendent le dispensateur unique et souverain des emplois et de la presque totalité des avancements. L'auréole légendaire dont était alors entouré le nom de Napoléon aux yeux des populations de nos villes et de nos campagnes facilitait singulièrement l'œuvre criminelle poursuivie par son héritier.

Les généraux pourvus des principaux commandements, habitués au régime constitutionnel sous lequel ils avaient vécu, y avaient puisé le respect de la légalité et ne se seraient prêtés à aucune tentative contre l'autorité et les droits de l'Assemblée législative. On opéra sans aucun souci des droits acquis les destitutions nécessaires. Deux d'entre elles sont demeurées célèbres, celles des généraux Neumayer et Changarnier, parce qu'elles accusèrent avec évidence de la part du pouvoir un mépris insolent de la loi, de la discipline militaire et de l'autorité de l'Assemblée nationale.

On sait en effet que le général Neumayer fut destitué par le président de la république pour avoir, à la revue de Satory du 10 octobre 1850, empêché l'infanterie de pousser les cris séditieux de *vive Napoléon! vive l'empereur !* en rappelant les dispositions du règlement militaire qui prescrivent le silence sous les armes. Le général Changarnier, en rappelant ces mêmes dispositions dans un ordre du jour, avait implicitement protesté, au moment même où elle eut lieu, contre la mesure qui frappait le général Neumayer. Il fut deux mois après également destitué du commandement de l'armée de Paris, à la suite d'accusations injustes du représentant Napoléon Bonaparte, malgré l'adoption par l'Assemblée nationale d'un ordre du jour repoussant ces accusations et témoignant entière confiance au général.

Cette dernière destitution permit au Président de donner un développement beaucoup plus étendu à ses manœuvres captieuses à l'égard de l'armée. Nous allons en donner le résumé, en nous aidant de l'étude historique de M. Eugène Ténot sur le coup d'État de 1851.

Le général Baraguay d'Hilliers succéda au général Changarnier et fut lui-même bientôt après remplacé par le général Magnan dans le commandement de l'armée de Paris.

A la date du 10 janvier 1851, époque de la destitution du général Changarnier, la masse des troupes cantonnées dans la capitale et aux environs était acquise au Président. Ses manœuvres avaient, au dire des écrivains bonapartistes du temps, réussi au delà de toute espérance. Les soldats d'alors, fils de ceux du premier empire, avaient été bercés aux récits légendaires des hauts faits de Napoléon Ier. Tous leurs souvenirs d'enfance les entraînaient vers l'héritier de ce nom. On s'était, du reste, attaché avec une habileté perfide à accroître leur ardeur bonapartiste en exagérant quelques scènes fâcheuses du 24 février 1848, de nature à leur inspirer la haine des Parisiens, et en réveillant chez eux cet esprit de caste qu'on appelle improprement esprit militaire, et qui se traduit par le mépris de tout homme n'appartenant pas à l'armée.

Mais il ne suffisait pas de s'attacher les soldats. « L'état-» major général », dit M. P. Mayer, écrivain bonapartiste dans son *Histoire du deux décembre*, publiée en 1853, « n'offrait » peut-être pas d'assez complètes garanties ; car les plus âgés » pouvaient manquer d'audace et la grande majorité des » plus jeunes *figurait dans le parlement*. Une idée toute impé-» riale triompha de cette alternative, et M. de Persigny, cet » ardent et infatigable chevalier du napoléonisme, se voua » avec enthousiasme à la réalisation de ce mot de génie jeté » par le Président et dont l'expédition de Kabylie peut expli-» quer la profondeur et la portée : « *Si nous faisions des gé-» néraux!* »

» La graine n'en manquait pas. Un des plus brillants offi-» ciers de notre cavalerie, le brave et sympathique comman-

» dant Fleury, fut chargé d'apprécier les courages, d'évoquer
» les dévouements, de certifier les espérances. Sa mission
» ne fut ni longue, ni pénible ; généraux de division ou de
» brigade, colonels, lieutenants-colonels, aucun de ceux à
» qui son entraînante parole peignit les dangers du pays,
» n'avait besoin d'être convaincu. Tous avaient une égale hor-
» reur du *parlementarisme* et du socialisme.

» C'est ainsi que les cadets devinrent les aînés et que le
» cadre de l'armée active s'habitua aux noms des Saint-
» Arnaud, de Cotte, Espinasse, etc. »

Dans un autre passage, le même écrivain, P. Mayer, s'ex-
prime avec un cynisme plus caractéristique encore sur les
actes présidentiels qui préparèrent le 2 décembre.

« Ce n'est, dit-il, un mystère pour personne que, depuis la
» révocation du général Changarnier, l'état-major de l'armée
» dut être et fut effectivement transformé par l'admission de
» cette génération plus jeune, plus intrépide, plus dévouée,
» *pour qui* et *par qui* fut exécutée l'immortelle expédition de
» Kabylie, véritables cadets de la gloire, presque tous en pos-
» session à l'heure actuelle de la succession de leurs *scrupu-*
» *leux et constitutionnels aînés.* De ces cadets, le plus illustre
» dut monter le plus haut en grade, et c'est ainsi que M. Le-
» roy de Saint-Arnaud fut appelé au commandement général
» de l'armée... Nature ardente, droiture inflexible, M. de
» Saint-Arnaud professe, comme tout homme né soldat, le
» plus franc *mépris pour les finesses de la politique et les combi-*
» *naisons du parlementarisme.* »

Aux avancements scandaleux promis par un commandant
dûment autorisé à ses supérieurs hiérarchiques et accordés
pour se faire des créatures par un Président sans scrupules à
la suite d'une expédition imaginée pour la circonstance, vinrent bientôt se joindre des faits encore plus graves au point
de vue du respect de la loi et de la discipline.

Des banquets réunirent à la table du Président, au palais

de l'Élysée, des milliers d'officiers et de sous-officiers. A ces banquets furent prononcés des discours qu'on eut soin de commenter dans les casernes, de manière à préparer les soldats à un coup de main militaire.

Le Président ne dédaignait pas de prononcer lui-même ces allocutions caractéristiques et d'accuser publiquement ses projets. Il le fit surtout sans aucune pudeur dans les dernières semaines qui précédèrent le coup d'État. Le *Moniteur* nous a conservé, — en l'altérant légèrement, — le discours du 9 novembre 1851, dont voici le passage saillant :

« Si la gravité des circonstances m'obligeait à faire appel à
» votre dévouement, il ne me faillirait pas, j'en suis sûr, parce
» que, vous le savez, je ne vous demanderai rien qui ne soit
» d'accord avec mon droit, avec l'honneur militaire, avec les
» intérêts de la patrie ; parce que j'ai mis à votre tête des
» hommes qui ont toute ma confiance et qui méritent la
» vôtre ; parce que, si jamais le jour du danger arrivait, je
» ne ferais pas comme les gouvernements qui m'ont précédé,
» et je ne vous dirais pas : *Marchez, je vous suis* ; mais
» je vous dirais : *Je marche, suivez-moi.* »

Vers la même époque (le 26 novembre, d'après M. Granier de Cassagnac, un peu avant le 17 novembre, d'après M. Belouino, autre écrivain bonapartiste), le général Magnan, commandant en chef de l'armée de Paris, réunit dans son salon vingt et un généraux et les informa que l'Élu du peuple ferait peut-être un prochain appel à la souveraineté de la nation et au dévouement de l'armée. Le général Reybell, parlant au nom de ses collègues, répondit à cette confidence en affirmant que le concours enthousiaste de l'armée était acquis à Louis-Napoléon. Tous s'engagèrent à tenir la confidence secrète, et le fait n'a été connu que quelques années plus tard.

On sait que le serment fut tenu et quels massacres accompagnèrent le coup d'État de décembre.

Au moment où des généraux, choisis parmi les ennemis du parlementarisme, c'est-à-dire parmi les hommes dominés par une éducation exclusivement militaire, suivaient une conduite politique aussi contraire à la discipline et aux lois, d'autres généraux habitués à la vie publique siégeaient dans le sein de l'Assemblée législative.

M. P. Mayer, l'écrivain bonapartiste que nous avons déjà cité, a fait leur éloge en les désignant comme les « *scrupuleux et constitutionnels aînés* » des précédents. Ce même écrivain dit ailleurs que plusieurs d'entre eux étaient alors considérés comme les gloires militaires de la France, tandis que les généraux qui coopérèrent au coup d'État étaient à peu près inconnus et de la population et même de l'armée. Les généraux membres de l'Assemblée avaient leur place, les uns sur les bancs de la droite, les autres sur les bancs de la gauche. Après la destitution du général Changarnier et la démission du général Baraguay d'Hilliers, il n'y eut plus de représentant pourvu d'un commandement militaire. Mais les questeurs avaient mission de veiller à la garde de l'Assemblée et l'un d'eux était le général Le Flô. Le général Bedeau était au même moment vice-président. A la rentrée de l'Assemblée, le 4 novembre 1851, les militaires les plus clairvoyants s'émurent des actes du Président. Le général Cavaignac signala à ses amis la nomination du général Saint-Arnaud au ministère de la guerre comme l'indice certain d'un coup de main prochain. Dès le 6 novembre, en réponse à une circulaire officielle du ministre du 28 octobre précédent, qui prêtait aux interprétations les plus fâcheuses, les questeurs déposèrent une proposition pour demander la mise à l'ordre de l'armée d'un article d'un décret de 1848, donnant au président de l'Assemblée nationale le droit de requérir la force armée et toutes les autorités dont il jugerait le concours nécessaire pour la sûreté intérieure et extérieure du parlement.

Le colonel Charras appuya cette proposition et fit tous ses efforts, dans la discussion mémorable du 17 novembre 1851, pour entraîner ses collègues de la gauche. Les plus sages, et entre autres *tous les militaires* de cette partie de l'Assemblée, se rendirent à ses raisons ; mais 150 autres républicains votèrent contre la proposition et la firent repousser. Si l'avis contraire eût prévalu, l'attentat du Président eût pu avoir une autre issue.

Tous les militaires représentants appartenant soit à l'opinion républicaine, soit à la droite royaliste hostile au Président et comprenant les généraux les plus illustres, furent arrêtés le 2 décembre et payèrent d'un long exil et de la perte de leur situation dans l'armée leur respect pour la constitution du pays.

La présidence décennale, puis l'empire, suivirent le coup d'État. La constitution nouvelle institua un Sénat et un Corps législatif. La dernière chambre seule était élue par le suffrage universel et pouvait par cela même être appelée à recevoir des députés d'opinions politiques diverses, et à devenir par la suite le théâtre de véritables discussions parlementaires. Tous les militaires en activité de service furent absolument exclus de cette seconde Chambre.

Non-seulement cette exclusion n'a pas empêché, mais elle a produit une immixtion plus fréquente de l'armée dans la politique intérieure. Les témoignages de dévouement à la personne du souverain transmis par les généraux au nom des troupes sous leurs ordres ont été plus multipliés du 2 décembre 1851 au 4 septembre 1870 qu'à aucune autre époque. En 1858, après l'attentat d'Orsini, ce ne furent pas seulement les généraux, mais, ce qui ne s'était encore jamais vu, les colonels de régiments, qui se crurent obligés de faire parvenir des adresses à l'empereur. Quoique l'instruction dirigée contre Orsini et ses complices eût démontré dès l'origine qu'aucun Français n'avait pris part au complot, un grand nombre d'adresses joignirent à d'éclatantes manifestations de dévouement à la dynastie des menaces contre les républicains exilés depuis 1851 et contre les pays qui leur donnaient asile ; et elles amenèrent un refroidissement avec l'Angleterre.

Des raisons de politique intérieure, telles que participation active au coup d'État de 1851, traditions de famille, dévouement feint ou réel à la dynastie, entrèrent pour la plus large part dans les avancements qui concoururent à former l'état-major général. Aussi l'armée, après avoir pesé pendant tout le règne de Napoléon III comme une menace vague contre l'éventualité d'une majorité opposante au Corps législatif, se montra-t-elle en 1870 tout à fait impuissante à défendre la France contre l'invasion étrangère.

L'état-major général était tellement imbu de l'idée que l'armée avait un rôle politique à remplir à l'intérieur, que cette idée néfaste a déterminé, à rebours de l'intérêt stratégique, les principales opérations de la première partie de la campagne. C'est à elle que l'on doit la marche définitive de l'armée de Châlons sur Metz, même après les hésitations qui en avaient rendu le succès impossible, et la capitulation de Sedan, arrachée par l'empereur au général de Wimpfen. C'est à elle que l'on doit également le maintien sous les murs de Metz de l'armée du Rhin, l'inaction et la capitulation de cette armée. En 1870 comme en 1814 et en 1815, l'armée tout entière a été victime de son dévouement idolâtre à la dynastie impériale ; mais le châtiment a été plus complet la dernière fois que les précédentes, et le moral des troupes ainsi que l'esprit militaire de la nation plus profondément atteints.

Cet aperçu historique démontre d'une manière irréfutable.

Que jamais l'armée n'a été entraînée à intervenir dans les luttes politiques intérieures que par des chefs étrangers à la vie publique, dédaignant les « combinaisons du parlementarisme », ayant toujours vécu loin des assemblées législatives. en un mot tout à fait dominés par une éducation militaire exclusive ;

Que les militaires mêlés à la vie publique par une participation plus ou moins prolongée aux travaux des assemblées législatives se sont toujours montrés unanimes, quelles que fussent leurs divisions politiques, pour défendre l'indépendance et l'autorité légale du parlement contre toute tentative de coup d'État ;

Enfin, que les deux époques de ce siècle marquées par la prépondérance de l'exclusivisme militaire ou *militarisme*, durant lesquelles le gouvernement a poursuivi avec le plus de ténacité l'isolement de l'armée et de la nation en dépouillant les militaires en activité de service de leurs droits d'électeurs et d'éligibles, se sont terminées par les plus grands désastres que la France ait éprouvés depuis quatre siècles. Il faut, en effet, remonter jusqu'à la guerre de Cent ans pour rencontrer des désastres comparables aux invasions de 1814, 1815 et 1870.

Il ne saurait donc y avoir de doute sur la nécessité d'appliquer aux militaires en activité de service, en matière d'électorat et d'éligibilité, la solution libérale et démocratique, c'est-à-dire le régime du droit commun. Ce régime est le seul qui puisse permettre à tous les membres de l'armée d'acquérir, par la participation à la vie publique de la nation, cette éducation politique que l'histoire a démontrée être la meilleure garantie pour que chez eux le militaire ne soit jamais exposé à étouffer le citoyen. — La proposition de M. Philippoteaux, qui va directement à l'encontre de ces tendances, et qui est un retour aux idées néfastes du régime impérial, doit donc être absolument repoussée.

Je me borne du reste ici à me prononcer en principe pour que les militaires soient soumis au régime du droit commun en matière d'électorat et d'éligibilité; mais je crois devoir faire toutes réserves sur les moyens d'application, qui devront absolument différer de ceux précédemment en usage en vertu de la loi de 1849.